दीवाने - ए - कृष्णा

कृष्ण कुमार

पूज्य पिताजी
" स्वर्गीय विश्व नाथ लाल दास "

क्रम-सूची

क्रम-सूची

क्रम-सूची

प्रस्तावना

इस कविता की पुस्तक को सब के लिए लिखा गया है।
इसकी भाषा बहुत सरल रखी गयी है ताकि कोई भी इसे
आसानी से समझ सके।
शुरुआत में इस पुस्तक में भगवान से सम्बंधित कविता है , उस
के बाद माँ , बहन , गुरु , कामयाब होने के तरीके इत्यादि का
वर्णन किया गया है।
उम्मीद है ये कविता की पुस्तक आपको जोश , जज़्बा , जूनून से
भर देगा।

लेखक के बारे में दो शब्द

कृष्ण कुमार कृष्णा क्लासेज के संस्थापक हैं और वे 1996 से पढा रहे हैं . उन्होंने गणित , अंग्रेजी और
विज्ञान के संकाय के रूप में विभिन्न स्कूलों में पढाया है . उन्होंने अकादमिक के साथ - साथ प्रतियोगी
परीक्षाओं के लिए विभिन्न कोचिंग में भी पढाया है . वह 2000 से अपना संस्थान चला रहे हैं .
वह मृदुभाषी हैं और विश्व स्तरीय शिक्षण तकनीक रखते हैं . उनका विशाल अनुभव उनके पढाने में ,
उनकी कविता में , उनके लेखन में देखा जा सकता है .
वह कलाम - ए - कृष्णा , सौगात - ए - कृष्णा , जश्न - ए - कृष्णा , कॉन्सेप्ट ऑफ थ्री करे टेंशन फ्री , कैसे कामयाबी आपके कदम चुमें के लेखक हैं .
वह सावन के झूले , देश की शान तिरंगा , कच्चे धागे के पक्के बंधन , मोदी दर्पन के सह - लेखक हैं .

1. प्रेम के प्रतीक

सुबह - सुबह उठ के जो गैया चराते हैं
वही आगे चलकर योगीराज कहलाते हैं
प्रेम के प्रतीक " Krishna "
हर दिल में बस जाते हैं

सुबह - सुबह ....
जन्म लेके जो जेल में आते हैं
वही " Krishna " गोकुल में जाते हैं
प्रेम के प्रतीक " Krishna "
राधा संग प्रेम निभाते हैं

सुबह - सुबह ....
वचन निभाने खातिर जो वन में जाते हैं
अधर्म मिटाने खातिर जो रावण को मिटाते हैं
प्रेम के प्रतीक " Krishna "
मर्यादा पुरुषोत्तम श्री राम कहलाते हैं

सुबह - सुबह
सबरी का जूठा बेर जो कहते हैं
वही श्री राम सुग्रीव को राजा बनाते हैं
प्रेम के प्रतीक " Krishna "
घर - घर में बस जाते हैं

सुबह - सुबह
जेल से जो बचते - बचाते गोकुल में आते हैं
खेल - खेल में वही पूतना - कागासुर - बकासुर को मिटाते

हैं
प्रेम के प्रतीक " Krishna "
कंश को सरेआम मिटाते हैं
सुबह - सुबह
गुरुकुल में जाके शिक्षा जो पाते हैं
निर्धन सुदामा को जो अपना मित्र बनाते हैं
प्रेम के प्रतीक " Krishna "
द्रोपदी की लाज बचाते हैं।
सुबह - सुबह
अर्जुन जैसे पार्थ को जो गीता का ज्ञान पढ़ाते हैं
वही सारथी बनके विराट रूप दिखाते हैं ।
प्रेम के प्रतीक " Krishna "
हर दिल में बस जाते हैं ।
सुबह - सुबह
सुबह - सुबह उठ के जो गैया चराते हैं
वही गोपियों संग रास रचाते हैं ।
प्रेम के प्रतीक " Krishna "
पांडव को जीत दिलाते हैं
सुबह - सुबह उठ के जो गैया चराते हैं
वही आगे चलकर योगीराज कहलाते हैं।

2. मेरे भोले शिव शंकर

मेरे भोले शिव शंकर

लगते हैं भयंकर

पहन के बाघ छाला

लगते हैं भयंकर

राम के रामेश्वर हैं

रूद्र के अवतारी

विद्यापति के उगना हैं

शंभु शंकर भंडारी

नीलकंठ नाम इनका

डमरू और त्रिशुलधारी

कैलाश के वासी हैं

भोले त्रिनेत्रधारी

दीन दयाल हैं पतित पावन

जाये '' Krishna '' बलिहारी

संपूर्ण ब्रह्मांड है दास इनका

ये हैं सबसे बड़े अधिकारी

नाथ के भी नाथ हैं

अनाथ के भी नाथ

जीवन उसका बल्ले - बल्ले

जिसके सिर पर इनका हाथ

अविनाशी - घट - घट वासी हैं ये

पशुपति , कैलाशपति , उमापति बाबा भोलेनाथ

उसके जीवन में नूर - ही - नूर
जिसके सिर पर इनका हाथ
नंदी को भी साथ रखते , मां गंगा को भी साथ
चंद्रमा को भी साथ रखते , सर्प को भी साथ
सती के भी पति हैं ये , पार्वती के भी पति
पशु के भी पति हैं ये , कैलाश के भी पति
भूत - प्रेत सब साथ लेके
लगते हैं भयंकर
मेरे भोले शंकर
लगते हैं भयंकर ।

....

3. गाना - लाज मेरी अब रखिय भला तर्ज़ - लाल मेरी पत रखिय

लाज मेरी अब रखिय भला

भोले बाबा कर के कृपा

हम पर दया

मेरे भोले शिव शंकर

कृपा ओ भक्त के ऊपर

सभी देवों से बढ़कर

आपका पहला नम्बर

हरि ओम बाबा दिगम्बर

हो लाज ....

आप हैं दाता हम हैं भिखारी

तेरे चरणों के हम हैं पुजारी

बिगड़ी बनाने वाले बिगड़ी बना

कर .... , लाज ....

आप हैं अविनाशी घट - घट वासी

विनती '' Krishna '' की यही है खासी

दरस दिखाने वाले दरस दिखा

कर ...... , दिगम्बर

हो ..... , लाज.....

आप हैं दयालु और कृपालु

भक्त हैं आपके बड़े श्रद्धालु
कष्ट मिटाने वाले कष्ट मिटा
कर ...... दिगम्बर .....
हो ...... लाज
....

4. गुरु ही रब है

शिक्षक गुरु कहलाता है
तिमिर मिटा यह उजाला लाता है
गुरु जैसा कोई देखा नहीं
गुरु ही रब है इसमें कोई भुलेखा नहीं
जब इन्सान कोई ठिकाना पता नहीं
जब इन्सान कोई सहारा पता नहीं
दर - दर भटकने वालों को ठिकाना मिलता यहीं
हर बेसहारा को सहारा मिलता यहीं
गुरु इन्सान को सही राह दिखाता है
यह हर जाति- वर्ण को एक साथ बिठाता है
'' Krishna '' भी दे यही सलाह
बिना गुरु के कोई नहीं राह
बिना गुरु के कोई मंज़िल पता नहीं
बिना गुरु के कोई विद्वान कहलाता नहीं
गुरु हर मुसीबत से बाहर लाता है
तिमिर मिटा यह उजाला लाता है
शिक्षक गुरु कहलाता है
तिमिर मिटा यह उजाला लाता है।

5. गाना - ये दिवाली मददवाली तर्ज़ - स्वतंत्र

ये दिवाली मददवाली
सबको मिले रोज़गार
सबका बसे परिवार
कोई न रहे खाली
दिवाली - दिवाली
ये दिवाली मददवाली
किसी ने बांटे मिठाई
किसी ने बांटे कंबल रज़ाई
कोई न रहे घर खाली
दिवाली - दिवाली
ये दिवाली मददवाली
खुशियां मिले अपार
शांति में रहे ये संसार
किसी की न हो रात काली
दिवाली - दिवाली
ये दिवाली मददवाली
सबको मिले सहारा
कोई न हो बेसहारा
किसी की न हो बदहाली
दिवाली - दिवाली

ये दिवाली मददवाली
कहे ये '' Krishna ''
रहे न कोई तृष्णा
हर घर में हो खुशहाली
दिवाली - दिवाली
ये दिवाली मददवाली
सबको मिले अनाज
हर घर में बजे सुंदर साज
कभी आये न डायन महंगाईवाली
दिवाली - दिवाली
ये दिवाली मददवाली

....

6. आजादी अधिकार

आजादी अधिकार हमारा

आजादी अधिकार

हम सब हैं मिल के रहते आपस में है प्यार

आपस में है भाई - चारा

करते हैं एक - दूसरे से दुलार

जाति - वर्ण - मजहब है अलग - अलग

लेकिन आपस में है प्यार

हमारा देश भारत विश्व गुरु बनेगा

किसी का न करें तिरस्कार

कंधे - से - कंधे मिलाकर काम हैं करते

यहाँ नर हो चाहे नारी

सब मिलकर काम हैं करते

" Krishna " हो या हो कोइ सुकुमारी

सब मिलकर काम करेंगे , देश का रौशन नाम करेंगे

देश हमारा तरक्की करेगा , जब सबकी होगी भगीदारी

सबको शिक्षा , सबको रोज़गार मिलेगा

जब सब लेंगे अपनी - अपनी जिम्मेदारी

सभी यहाँ पर सुख से रहेंगे

सुखमय होगा सबका घर - परिवार

लोक सुखी , परलोक सुहैला

सबको मिलेगा खुशियां अपार

आजादी अधिकार हमारा

आजादी अधिकार

....

7. आजादी अधिकार

आजादी अधिकार हमारा

आजादी अधिकार

पूजा - पाठ - यज्ञ - हवन अधिकार हमारा

'' Krishna '' आजादी अधिकार

सबसे प्राचीन धर्म हमारा

सबसे प्राचीन कर्म

आर्यभट्ट हैं मान हमारा

महर्षि कणाद हैं हमारी शान

महाराणा प्रताप हैं शान हमारा

झांसी की रानी हमारी पहचान

आज़ाद , भगत , राजगुरू , सुखदेव हैं आन - वान - शान
हमारा

विद्यापति , सुभाष , पद्मावति हमारी मान - सम्मान

ऋषि , मुनि , देव , गंधर्व हमारी शान बढाते

जब भी हम उनके सामने शीश झुकाते

सैनिक हमारी शान बढाते

दुश्मन के ये छक्के छुड़ाते

भारत हमारा सबसे प्यारा

सबको देता है सहारा

भारत में लोकतंत्र है और संविधान महान

यहाँ हर जाति - वर्ण - मजहब है एक समान

आओ मिलकर करें विचार

किसी को नमाज़ पढने तो किसीको चर्च जाने का अधिकार
आजादी अधिकार हमारा
आजादी अधिकार

....

8. गाना - वो सावन के झूले तर्ज़ - स्वतंत्र

वो सावन के झूले

हम नहीं भूले , हम नहीं भूले

तेरे संग हंसी और ठिठोले

हम नहीं भूले हम नहीं भूले

तेरे साथ सुनहरे पल हमने बिताये

तेरे साथ मीठे - मीठे सपने हमने सजाये

तेरे बिना हिज़्र की रात हमने बिताये

क्योंकि हमेशा तुमने मेरे प्यार को टटोले

हम नहीं भूले , हम नहीं भूले

वो सावन के झूले

हम नहीं भूले

तेरे साथ कई गीत हमने गाये

तेरे साथ कई नज़्म कई गीत '' Krishna '' ने गाये

तेरे बिना पल - पल याद रूलाये

क्योंकि हमेशा तुमने मेरे प्यार को तौले

हम नहीं भूले , हम नहीं भूले

वो सावन के झूले

हम नहीं भूले , हम नहीं भूले

....

9. गाना - श्याम रंग रंग दे मोहे तर्ज़ - स्वतंत्र

श्याम रंग रंग दे मोहे

" Krishna " रंग रंग दे

रंग दे ओ रंग दे मोहे

श्याम रंग रंग दे

श्याम रंग रंग दे

मेरी जिंदगी बना दे

जिंदगी बना दे मेरी

जिंदगी बना दे

श्याम रंग होई - होई - होई - होई

" Krishna " रंग रंग दे

तुने ग्वाल - बाल संग गैया चरायी

तुने द्रोपदी की लाज भी बचायी

श्याम रंग होई - होई - होई - होई

श्याम रंग रंग दे मोहे

" Krishna " रंग रंग दे

रंग दे ओ रंग दे मोहे

श्याम रंग रंग दे

तुने राधा संग रास रचायी

तुने रुकमनि संग ब्याह रंचायी

श्याम रंग होई - होई - होई - होई

श्याम रंग रंग दे मोहे
'' Krishna '' रंग रंग दे
रंग दे ओ रंग दे मोहे
श्याम रंग रंग दे
तुने पापी कंश को सुर्धाम पहुंचाया
तुने पांडव को जीत भी दिलाया
श्याम रंग होई - होई - होई - होई
श्याम रंग रंग दे मोहे
'' Krishna '' रंग रंग दे
रंग दे ओ रंग मोहे
श्याम रंग रंग दे

....

10. पुस्तक प्रकाशित होने से क्या हो जाएगा

किसी ने मुझसे पुछा ,
पुस्तक प्रकाशित होने से क्या हो जाएगा
मैंने कहा ,
कुछ नहीं होगा , थोड़ा नाम हो जाएगा
थोड़ा काम हो जाएगा
थोड़ा खर्चा हो जाएगा
थोड़ा चर्चा हो जाएगा
थोड़ा अपने दिल का भरास निकल जाएगा
साधारण सा '' Krishna '' खासमखास बन जाएगा
लोग जान जायेंगे
लोग पहचान जायेंगे
थोड़ा टेलिविजन पर आ जाऊंगा
थोड़ा दुनियां पर छा जाऊंगा
थोड़ा नोट बन जाएगा
थोड़ा वोट बन जाएगा
एक - दो कार हो जाएगा
सबसे प्यार हो जाएगा
सुरत - सिरत बदलना शुरू हो जाएगा
तस्वीर - तदवीर - तकदीर बदलना शुरू हो जाएगा
एक व्यापार शुरू हो जाएगा

पाठकों से प्यार शुरू हो जाएगा

कोई पुस्तक खरीदे तब भी मुबारक

कोई पुस्तक न खरीदे तब भी मुबारक

हर हाल मुबारक

हर साल मुबारक

हुनर '' Krishna '' का छुप नहीं पाएगा

पुस्तक '' Krishna '' का हर - घर , घर - घर आएगा

सूर्य को कोई बादल ज्यादा दिनों तक छुपा सकता नहीं

बादल का सीना चीड़ के सूर्य निकलेगा कहीं - न -कहीं

ये माना आज फटे हाल हैं हम

ये माना आज कंगाल हैं हम

ये माना कवियों के पुस्तक बिके - न - बिके

पर घर के बर्तन भी बिक जाते हैं

लेकिन जब उनकी कविता

सब के दिलों पर छा जाते हैं

फिर हर दिन वे कवि - सम्मेलन में जाते हैं

फिर लाखों - करोड़ों वे कमाते हैं

इसलिए '' Krishna '' का मानो कहना

अपने हुनर को कभी छुपा के मत रखना

किसी ने मुझसे पुछा ,

पुस्तक प्रकाशित होने से क्या हो जाएगा

मैंने कहा ,

कुछ नहीं होगा , थोड़ा यार मिल जाएगा

थोड़ा प्यार मिल जाएगा

थोड़ा खर्चा हो जाएगा

थोड़ा चर्चा हो जाएगा

....

11. राम नाम

राम नाम सरल नाम सहज नाम है

सुबह उठ के सबको राम - राम है

" Krishna " नाम सरल नाम पावन नाम है

सुबह उठ के सबको राधे श्याम है

ॐ नाम सरल नाम सरस नाम है

प्रभु चरणों में सारा धाम है

पवनपुत्र हनुमान नाम सरल नाम पावन नाम है

इनको ध्याने से मिटता कष्ट तमाम है

सीताराम - सीताराम सरल नाम है सहज नाम है

इनकी कृपा से होता मेरा सारा काम है

निरंकार नाम सरल नाम पावन नाम है

इनके चरणों में मोक्ष धाम है

माता नाम सरल नाम पावन नाम है

इनकी कृपा से होता मेरा सारा काम है

मां काली नाम सरल नाम पावन नाम है

सुबह उठ के सबको सादर प्रणाम है

मां शेरावाली नाम सरल नाम है पावन नाम है

मां की कृपा से होता मेरा सारा काम है

मां मेहरावाली नाम सरल नाम है सहज नाम है

सब पर मेहर करना मां तेरा काम है

मां झण्डेवाली नाम सरल नाम है सरस नाम है

सबको काबिल बनाना मां तेरा काम है

मां पहाड़ों वाली नाम सरल नाम है पावननाम है
सबसे ऊंचा मां तेरा धाम है
मां जोतावाली नाम सरल नाम है पावन नाम है
सब में ज्योति जगाना मां तेरा काम है
मां वैष्णों नाम सरल नाम है पावन नाम है
'' Krishna '' करे तुम्हें बार - बार प्रणाम है
सद्गुरु नाम सरल नाम सहज नाम है
शीश झुकाने से मिटता कष्ट तमाम है
राम नाम सरल नाम सहज नाम है
सुबह उठ के सबको राम - राम है
'' Krishna '' नाम सरल नाम पावन नाम है
सुबह उठ के सबको राधे श्याम है

....

12. मेरे सद्‌गुरू , मेरे सद्‌गुरू

तुझे देखते ही हो गया है प्यार सद्‌गुरू

मैं तो तन मन गया तों पे वार सद्‌गुरू

मेरा यार सद्‌गुरू , मेरा प्यार सद्‌गुरू

मैं तो तन मन गया तों पे हार सद्‌गुरू

सुंदर सी मुस्कान है तेरी

तुझ पर कुर्बान जान ये मेरी

तु ही निराकार तु निरंकार सद्‌गुरू

मैं तो तन मन गया तों पे बलिहार सद्‌गुरू

मैं तो तन मन गया तों पे वार सद्‌गुरू

मेरे सद्‌गुरू , मेरे सद्‌गुरू

हम सब तेरे चाहनेवाले

जान भी अब तेरे हवाले

तु " Krishna " का पालनहार सद्‌गुरू

मैं तो तन मन गया तों पे हार सद्‌गुरू

मैं तो तन मन गया तों पे वार सद्‌गुरू

मेरे सद्‌गुरू , मेरे सद्‌गुरू

तेरे दर पे जो भी आये

जन्म - मरण से मुक्ति पाये

तुमको लाखों नमस्कार सद्‌गुरू

मैं तो तन मन गया तों पे बलिहार सद्‌गुरू

मैं तो तन मन गया तों पे वार सद्गुरू

मेरे सद्गुरू , मेरे सद्गुरू

तुझे देखते ही हो गया है प्यार सद्गुरू

मैं तो तन मन गया तों पे वार सद्गुरू

मेरा यार सद्गुरू , मेरा प्यार सद्गुरू

मैं तो तन मन गया तों पे हार सद्गुरू

मेरे सद्गुरू , मेरे सद्गुरू

....

13. चाचा बादाम खा लो , चाचा बादाम

चाचा बादाम खा लो

चाचा बादाम

चाची के लिये ले जाओ

दो - तीन किलो आम

चाची करेंगी आपका मान - सम्मान

वर्ना करना पड़ेगा घर का सारा काम

वर्ना नहीं मिलेगा आपको आराम

वर्ना बेलन से कर देंगी आपका काम - तमाम

चाचा बादाम खा लो

चाचा बादाम

दादा - दादी के भी आओ काम

वर्ना जमीन - जायदाद कर देंगे किसी ट्रस्ट के नाम

अपने देश का करो रौशन नाम

इससे बढेगा '' Krishna '' आपका गौरव तमाम

नाना - नानी के भी आओ काम

वर्ना जच्चा - बच्चा हो जाएगा चाची के माइके के नाम

चाचा बादाम खा लो

चाचा बादाम

....

14. हिंदी दिवस मनायें

हिंदी दिवस मनायें
आओ सब मिलकर
आओ सब मिलकर , आओ सब मिलकर
खुशी में नाचे - गायें
आओ सब मिलकर , आओ सब मिलकर
अंग्रेजों ने हिंदी का महत्व घटाया
अंग्रेजी का महत्व हर ओर बढाया
हिंदी - संस्कृत का महत्व बढायें
आओ सब मिलकर
आओ सब मिलकर , आओ सब मिलकर
भ्रष्ट नेता ने देश का खंडन करवाया
देश का टुकड़ा - टुकड़ा करवाया
अखड़ण्ड भारत बनायें
आओ सब मिलकर
आओ सब मिलकर , आओ सब मिलकर
अंग्रेजों ने कल कारखाना बंद करवाया
विदेशी सामानों का प्रचार करवाया
स्वदेशी अपनायें
आओ सब मिलकर
आओ सब मिलकर , आओ सब मिलकर
भारत को लोकतांत्रिक देश बनाया
'' Krishna '' को भी सबने कवि बनाया

भारत को विश्वगुरू बनायें
आओ सब मिलकर
आओ सब मिलकर , आओ सब मिलकर
हिंदी दिवस मनायें
आओ सब मिलकर
आओ सब मिलकर , आओ सब मिलकर
....

15. कुछ तो वक्त लगेगा

यहां मेरा आशियाना टूटा है
कुछ तो वक्त लगेगा , नया आशियाना बनाने में
यहां मेरा दिल टूटा है
कुछ तो वक्त लगेगा , जख्म भरने में
यहां अरमान ज़ले हैं
कुछ तो वक्त लगेगा , दुआ बिखरने में
यहां जुदाई है , विरह है , बिछड़न है
कुछ तो वक्त लगेगा , जज़्बात दबाने में
अपने ही गिराते हैं नशेमन पर बिजलियां
कुछ तो वक्त लगेगा , किसी और को अपना बनाने में
अभी - अभी तो मेरा दिल सम्भला है ठोकर खाकर
कुछ तो वक्त लगेगा , " Krishna " मरहम लगाने में
कुछ लोगों को शर्म नहीं आती आशियाना जलाने में
कुछ तो वक्त लगेगा , नया आशियाना बनाने में
यहां मेरा आशियाना टूटा है
कुछ तो वक्त लगेगा , नया आशियाना बनाने में

....

16. क्या हाल अपना सुनायें

क्या हाल अपना सुनायें

कुछ सुनाते बनता नहीं

क्या जख्म अपना दिखायें

कुछ दिखाते बनता नहीं

बड़े बेआबरू होके उसके दर से निकले

किसी से दिल लगाते बनता नहीं

दिल टूटा , भाग्य फूटा

किसी को कुछ बताते बनता नहीं

रिश्ता टूटा , घर - वार छूटा

किसी से रिश्ता बनाते बनता नहीं

यूं तो सब अपने हैं

मगर किसी को अपना बनाते बनता नहीं

कभी कहते थे वो , तेरे बगैर जी नहीं पायेंगे

अब एक पल भी बिताना बनता नहीं

कभी कहते थे वो , तेरे लिये आसमान से तारे तोड़ लायेंगे

आज मुझसे नज़रें मिलाते बनता नहीं

पहले मेरी प्रशंसा करते वो थकते नहीं थे

आज '' Krishna '' हाल - ए - दिल बयां करना बनता
नहीं

बड़ी कसमकश में खड़ी है जिंदगी

कोई कदम उठाते बनता नहीं
फिर से नई शुरूआत कहां से करुं
किसी और पर अपना हक जताते बनता नहीं
क्या हाल अपना सुनायें
कुछ सुनाते बनता नहीं
क्या जख्म अपना दिखायें
कुछ दिखाते बनता नहीं
....

17. किसी और के लिए

किसी और के लिए वे मुझे छोड़ गए
दिल का हर रिश्ता मुझसे तोड़ गए
उनको पसंद थे कोइ और
इसलिए मुंह " Krishna " से मोड़ गए
शायद वे सोचते थे हम जी नहीं पायेंगे उनके बगैर
इसलिए धर्म संकट में मुझे छोड़ गए
शायद वे सोचते थे हम कुछ कर नहीं पायेंगे
इसलिए बीच भंवर में मुझे छोड़ गए
क्या उनका प्यार एक छलावा था
क्या दिल्लगी बस एक दिखावा था
क्यों खेलता है कोई किसी के जज़्बात से
क्या उनको अपने किये का कोई पछतावा था
क्या वो कसमें , वो वादे बस एक छलावा था
क्या मेरे संग प्यार बस एक दिखावा था
पहले ही कह देते किसी और से प्यार है
पहले ही कह देते किसी और से नज़रे चार है
पहले ही कह देते किसी और से है गुफ्तगु मेरी
नहीं निभ पायेगी तेरी - मेरी
फिर काहे का रोना था
न किसी को पाना था - न किसी को खोना था
किसी और के खातिर तन्हा मुझे छोड़ गए
दिल का हर रिश्ता मुझसे तोड़ गए

उनको पसंद थे कोई और
इसलिए मुंह " Krishna " से मोड़ गए
किसी और के लिए वे मुझे छोड़ गए
दिल का हर रिश्ता मुझसे तोड़ गए

....

18. मेरे मुस्कुराहट की वजह तुम हो

वही चुरा लेते हैं मुस्कुराहट
जिन्हें बता दो कि मेरे मुस्कुराहट की वजह तुम हो
वही छोड़ देते हैं बीच मझधार
जिन्हें बता दो कि मेरे मुस्कुराहट की वजह तुम हो
डुबने छोड़ देते हैं नौका बिन पतवार
जिन्हें बता दो कि मेरे मुस्कुराहट की वजह तुम हो
नौका छोड़ देते हैं खाने हिचकोले बिन खेवार
जिन्हें बता दो कि मेरे मुस्कुराहट की वजह तुम हो
भरी महफिल करते हैं तिरस्कार
जिन्हें बता दो कि मेरे मुस्कुराहट की वजह तुम हो
बिच भंवर में छोड़ देते हैं पहुंचाये बिन किनार
जिन्हें बता दो कि मेरे मुस्कुराहट की वजह तुम हो
कर के चले जाते हैं जिंदगी बेज़ार
जिन्हें बता दो कि मेरे मुस्कुराहट की वजह तुम हो
साथ जीने - मरने की कसमें खानेवाले छोड़ जाते हैं अपना
सारा अधिकार
जिन्हें बता दो कि मेरे मुस्कुराहट की वजह तुम हो
जो नहीं हैं वफा के हकदार
जो नहीं करते प्यार का इजहार
जो नहीं होते हैं जिम्मेवार

जो करते हैं समाज को शर्मसार

ऐसे लोगों को '' Krishna '' करे दूर से ही नमस्कार

ऐसे लोगों से नहीं करना कभी आंखें चार

ऐसे लोग खुद ही होते हैं लाचार

उनकी खुद की जिंदगी भी होती है बेज़ार

ऐसे लोग बाद में खुद बहुत पछताते हैं , रोते हैं बार - बार

ऐसे लोग बाद में सोचते हैं क्यों हुए वे शर्मसार

छुड़ा देते हैं करना श्रृंगार

जिन्हें बता दो कि मेरे मुस्कुराहट की वजह तुम हो

वही दे जाते हैं घबराहट

जिन्हें बता दो कि मेरे मुस्कुराहट की वजह तुम हो

वही चुरा लेते हैं मुस्कुराहट

जिन्हें बता दो कि मेरे मुस्कुराहट की वजह तुम हो

....

19. प्यार जताया क्यों था

माधव ने कहा , उधव गोकुल जा
ग्वाल - वाल - गोपियों को समझा
अब मेरा गोकुल जाना मुमकिन नहीं
अब उनसे मिलन मुमकिन नहीं
उधव गोकुल गया
उनको समझाया
मगर गोपियों ने कहा
गोपियों ने बिरह की व्यथा कहा
उनको बहुत गम था
उनकी आंखे नम थी
हे उधव जाओ
हमें हमारे हाल पर छोड़ दो
बस माधव से ये पुछना
बस माधव को ये कहना
अगर प्यार निभाना नहीं था
तो प्यार जताया क्यों था
अगर अपनाना नहीं था
तो झूठी कसमें खाना क्यों था
अगर दिल से निकलना ही था
तो दिल में बसाया क्यों था
अगर अपना बनाना नहीं था
तो राधा संग रास रचाया क्यों था

अगर सब को तड़पाना ही था

तो गोवर्धन पर्वत उठाया क्यों था

डूब जाने देते सबको

सबका प्राण बचाया क्यों था

छछिया भर छाछ के लिए

नाच - नचानेवाले ने सबको नाच - नचाया क्यों था

यमुना किनारे बांसुरी बजाने वाले ने

हम सब को छकाया क्यों था

अगर गोकुल छोड़ना ही था

तो गोकुल को अपनाया क्यों था

बचपन से ही करामात करने वाले '' Krishna '' ने

पुतना - कागासुर - बकासुर को बैकुंठ धाम पहुंचाया क्यों
था

इतने ही वे भक्त - वत्सल्य थे

तो गोपियों से पीछा - छुड़ाया क्यों था

अगर प्यार निभाना नहीं था

तो प्यार जताया क्यों था

....

20. मेरा मन

मेरा मन क्यों तुम्हें चाहता है

मेरा मन क्यों तुम्हारी बातें करता है

क्यों रह - रह कर तुम्हारे बारे में सोचता है

क्यों तुम्हारे बगैर मेरा मन नहीं लगता है

क्यों हर जगह तुम्हें ही देखता है

क्यों हर जगह पर तुम्हारा ही ख्याल आता है

क्यों मेरा मन सिर्फ और सिर्फ तुम्हारा इंतजार करता है

क्यों मेरा मन सिर्फ और सिर्फ तुम्हारा वाट जोहता है

क्या हुआ है मुझे

कहीं इश्क - मश्क तो नहीं हुआ है मुझे

न दिन को सुकुन है न रात को करार

कहीं मुझे हुआ तो नहीं है प्यार

मेरी किस्मत में तु नहीं शायद

क्यों तेरा इंतजार करता हूं

मैं तुझे कल भी प्यार करता था

मैं तुझे अब भी प्यार करता हूं

जब तुम मिलते हो

सपने में या हकीकत में

क्यों मेरे मन को सुकुन मिलता है

क्यों मेरे मन में लड्डु फुट्टा है

क्यों मेरे मन में गीत - संगीत बजता है

क्यों मेरा मन फूलों - सा खिलता है

मेरा मन क्यों तुम्हारे सपने संजोता है
मेरा मन क्यों तुम्हें देखने के लिए चक्षु इधर - उधर
फिराता है
ये कौन - सा आकर्षण बल है
जो मुझे तुम्हारे तरफ खिंचता है
ये कौन - सी चाहत है
जो तुम्हारे बिना कहीं नहीं राहत है
सच्चा प्यार कभी नहीं मरता
मरता है शरीर
'' Krishna '' भी कुछ कर नहीं सकता
करता है नसीब
मेरा मन क्यों तुम्हारे लिए धड़कता है
मेरी बांहें क्यों तुम्हारे लिए फड़कता है
मेरा मन क्यों तुम्हें चाहता है
मेरा मन क्यों तुम्हारी बातें करता है

....

21. अन्न ग्रहण करने से पहले

अन्न ग्रहण करने से पहले
आओ हम करें विचार
हमारी आदत में हों
कुछ बातें शुमार
जो भी मिले खाने को
प्रभु का आशिष समझ खायें हम
जो कुछ भी मिले खाने को
प्रभु का शुक्र मनायें हम
जब खाना सामने हो
तो प्रभु का ध्यान करें
जब खाना सामने हो
इधर - उधर की न बात करें
भोजन का सम्मान करें
उसका न अपमान करें
उतना ही लें थाली में
भोजन न जाए नाली में
उतना ही लें प्लेट में
जितना जगह हो पेट में
" Krishna " का मानो कहना
अन्न है हमारे जीवन का गहना

अन्न नाम नारायण
अन्न है मां अन्नपुरणा
अन्न बचेगा
तो हम बचेंगे
अन्न बचाओ
अपनी अगली पीढी के लिए
अन्न नहीं रहेगा
तो वे खायेंगे क्या
अन्न नहीं रहेगा
तो वे वंश बढायेंगे क्या
आओ हम करें विचार
बदलें अपना व्यवहार
अन्न ग्रहण करने से पहले
आओ हम करें विचार ।

22. कहीं किसी नगर किसी शहर में

कहीं किसी नगर किसी शहर में

एक लड़का था बिल्कुल अंजान

वह था बहुत परेशान

उसकी जिंदगी थी बिल्कुल वीरान

सचमुच अंजान , सचमुच परेशान , सचमुच वीरान

न उसे किसी से प्यार था

न उसे किसी का इंतजार था

न तो तन्हाई थी

न तो अंगराई थी

न किसी के लिए आंखें पथराई थी

न कभी उसकी आंखे चार हुई

न किसी से प्यार बेशुमार हुई

न कोई गीला

न किसी से शिकवा

न कोई शिकायत

बस वह अपने कामों में व्यस्त था

काम - काम बस अपने कामों में मस्त था

उसे न तो कोई चिंता थी न कोई फिक्र था

हर दिशा में बस उसके कामों का जिक्र था

उसे नहीं अपने नामों का फिक्र था

फिर एक दिन हुआ कुछ ऐसा

जो नहीं होना था हो गया वैसा

एक दोस्त ने उसे पार्टी में बुलाया था

कुछ और दोस्त - दोस्तीनी को भी बुलाया था

एक ही टेबल पर सबको खाना खिलाया था

उसी टेबल पर उसकी किसी से मुलाकात हुई

फिर उससे दो - चार बात हुई

फिर बात - मुलाकात , मुलाकात - बात का सिलसिला शुरू
हुआ

फिर शनै: शनै: गुफ्तगु शुरू हुआ

और गुफ्तगु प्यार में बदल गई

थोड़ा -सा धुंआ उठा और आग जल गई

और उनकी दोस्ती प्यार में बदल गई

अब वह इश्क का मरीज हो गया

उसका हाल - बेहाल हो गया

प्यार - इजहार - बेकरार वाला हो गया

अब दोनों तरफ थी आग बराबर लगी हुई

जो बनाये न बने

जो बुझाये न बुझे

फिर दोनों ने साथ जीने का फैसला लिया

दो दूर देश के पथिकों ने '' Krishna '' संग - संग चलना
स्वीकार किया

अब वे एक - दूजे में खो गये

अब न तो वह अंजान था

न तो वह परेशान था

न तो वह वीरान था

सचमुच उसकी जिंदगी बदल गई

कहीं किसी नगर किसी शहर में
एक लड़का था बिल्कुल अंजान
वह था बहुत परेशान
उसकी जिंदगी थी बिल्कुल वीरान
सचमुच अंजान , सचमुच परेशान , सचमुच वीरान
....

23. लड़की तो है लक्ष्मी होती

लड़की तो है लक्ष्मी होती

मत करो भ्रुण हत्या

मानव तुम भुलो मत मानवता

लड़कियों पर मत फेकों तेज़ाब

मत करो उनकी हत्या

यह तो घर की शोभा होती

जब भी चलती पायल छम - छम करती

इससे ही है वातावरण की सुंदरता

इससे ही है मन पुल्कित होती

इससे ही है घर - आंगन की सुंदरता

क्या आज इंसान भूल गया है इंसानियत

क्या आज उसे अगली पीढी की चिंता नहीं है

इंसान जाग मत भूल इन्सानियत

बिन लड़की , हमारा अस्तित्व नहीं है

क्या तुम्हें अपनी अगली पीढी की फिक्र नहीं है

क्यों दहेज के लिये करता है , उसे प्रताड़ित

क्या तेरे हाथों में बल नहीं है

क्या तुम सब कुछ अर्जित नहीं कर सकते

क्या तेरे कर में दम नहीं है

क्यों करते हो लालच , क्या तेरे हथों में बल नहीं है

बेटी को ही बेटा समझो , उसे ही पढाओ

बेटी बचाओ , बेटी पढाओ

उसे ही एक अच्छा इंसान बनाओ

आज लड़का , लड़की में कोई फर्क नहीं है

उस को ही बढाओ , उसे ही काबिल बनाओ

'' Krishna '' पर कर लो विश्वास

बेटी है हर - घर , घर - घर की आस

बेटी बचाओ , बेटी पढाओ

इसका जीवन सुंदर - पावन - सुहावन बनाओ

बेटी बचाओ , बेटी को काबिल बनाओ

अपने किस्मत को जगाओ

बेटी बचाओ , बेटी पढाओ

जहां हो बेटी ,वहां भाग्य कभी नहीं सोती

लड़की तो है लक्ष्मी होती

जहां हो बेटी , वहां किस्मत कभी नहीं सोती

लड़की तो है लक्ष्मी होती

बहु भी तो बेटी होती

उसे भी मत करो प्रताड़ित

उसे भी मिले उसका मान -सम्मान

उसे भी दो उसका हक

'' Krishna " को इसमें नहीं कोई शक

उसे भी मिले उसका हक

बहु - बेटी तो है लक्ष्मी होती

सदा सभी का मंगल करती

सारी दुविधा को वह हरती

लड़की तो है लक्ष्मी होती

....

24. हम साथ रहेंगे

हम साथ रहेंगे
दुख - सुख साथ सहेंगे
मैं तुम्हारा हूं
तुम्हारे साथ ही रहेंगे
हम तुम्हारे बगैर जी नहीं पायेंगे
हम तुम्हारे बगैर फना हो जायेंगे
बिन तेरे क्या जीना
तेरे साथ ही हम जीवन बितायेंगे
तेरे साथ ही है मुझे जीना सदा
तेरे बगैर जीवन भी है एक सज़ा
तुझ से ही हम गीला - शिकवा करेंगे
सदा हम साथ - साथ रहेंगे
तुम हो तो सब कुछ है
तुम नहीं तो कुछ भी नहीं है
तुझ से ही मेरा जान - प्राण
तुझ से बिरह हम सह नहीं सकेंगे
तेरे बगैर हम जी नहीं सकेंगे
जुदाई का ज़हर '' Krishna '' हम पी नहीं सकेंगे
इसलिए हम साथ रहेंगे
अपने - अपने दिल की बात कहेंगे
हम साथ रहेंगे
दुख - सुख साथ सहेंगे

....

25. अपने बारे में

अपने बारे में थोड़ा सा बताऊं मैं
आप से कुछ न छुपाऊं मैं
मैं हूं एक साधारण मैन
कहते हैं लोग मुझे माधुरी दीक्षित का फैन
खबरों का मैं हूं परवाना
एबीपी न्यूज का मैं हूं दीवाना
बिंदास बोल है मुझे पसंद
ढोंगी लोग मुझे नहीं पसंद
ढोंगी लोग चिखेंगे , चिल्लायेंगे
कहे '' Krishna '' पर वे सच को झुठला नहीं पायेंगे
सच होता है सदा के लिए
झुठ की उम्र छोटी होती है
कोई कितना भी होशियार क्यों न हो
झुठ को ज्यादा दिन तक छुपा नहीं सकता
एक सच छुपाने के लिए
कई झुठ बोलने पड़ते हैं
सच के हलसफा का राज़ बताऊं मैं
आप से कुछ न छुपाऊं मैं
अपने बारे में थोड़ा सा बताऊं मैं
आप से कुछ न छुपाऊं मैं ।

26. लोकतंत्र कहां है

लोकतंत्र कहां है
अगर प्रधानमंत्री का लड़का ही प्रधानमंत्री बने तो लोकतंत्र
कहां है
अगर सरकार मनमानी करे
तो लोकतंत्र कहां है
अगर दिनोंदिन महंगाई बढे
अगर भ्रष्टाचार फले - फूले
अगर विकास दर कम होती जाये
अगर मंत्रियों को शर्म न आये
तो लोकतंत्र कहां है
अगर पत्रकार के कैमरे तोड़े जाये
अगर गरीब रोज सताए जाये
अगर घोटाले दिनोंदिन बढे
अगर रिश्वतखोरी सर चढे
तो लोक तंत्र कहां है
अगर चुनाव के वक्त नेटा जी लोक लुभावने वादा करे
अगर वादा कभी पूरा न करे
अगर महिला सुरक्षित न हो
अगर किसानों का भी शोषण हो
तो लोकतंत्र कहां है
अगर पड़ोसी मुल्क आंख दिखाये
सीमा पार से घुसपैठ कराये

जिस देश में मंत्री भी सुरक्षित न हो
घात लगा के मंत्रियों पर हमले हो
तो लोकतंत्र कहां है
अगर बेरोजगारी खुब बढे
रूपया का मान खुब घटे
अगर मैचों सट्टा लगे
पुछे " Krishna " सरकार फिर भी न जगे
तो लोकतंत्र कहां है

....

27. आओ ज्वाइन करो जी

आओ ज्वाइन करो जी '' Krishna '' क्लासेज

आओ , आओ , आओ ज्वाइन करो जी '' Krishna ''
क्लासेज

सुबह - दोपहर - शाम आओ

मन को शुद्ध बना के

चहुं ओर ये ज्योती फैले

ऐसा कर्म कमा के

आओ , आओ , आओ ज्वाइन करो जी '' Krishna ''
क्लासेज

नहीं कोई अमीर - गरीब है

सबसे प्यार जता के

एक अकेला थक जाएगा

मिल कर ज्ञान फैला ले

आओ , आओ , आओ ज्वाइन करो जी '' Krishna ''
क्लासेज

घर में भी है अभ्यास करना

पूरा ध्यान लगा के

'' Krishna '' को भी साथ है रखना

पूरा शीश झुका के

आओ , आओ , आओ ज्वाइन करो जी '' Krishna ''
क्लासेज

28. होली आई है

होली आई है

होली आई , होली आई , होली आई है

सब जगह होली आई है

सब - घर में खुशियां लाई है

होली में हम रंग लगाते हैं

होली में हम अच्छे - अच्छे पकवान खाते हैं

होली आई , होली आई , होली आई है

सब घर में खुशियां लाई है

होली में हम टोली बनाते हैं

टोली बना के हम नाचते - गाते हैं

होली आई , होली आई , होली आई है

सब घर में खुशियां लाई है

होली में काव्या " Krishna " गुजिया खाते हैं

गुलाल लगाते हैं और खाना खिलाते हैं

होली आई , होली आई , होली आई है

सब घर में खुशियां लाई है

होली आई है

होली आई है

....

29. आई दिवाली आई है

आई दिवाली आई है

सब घर में खुशियां लाई है

लाइटों का त्योहार सजा

सब को आया खुब मजा

आई दिवाली आई है

सब घर में खुशियां लाई है

इस दिन हम दिये जलाते हैं

इस दिन हम लाइट जलाते हैं

लक्ष्मी और गणेश जी का भी पूजा करते हैं

इस दिन हम बच्चे मिलकर पटाखे जलाते हैं

आई दिवाली आई है

सब घर में खुशियां लाई है

इस दिन हम रंगोली भी बनाते हैं

इस दिन हम घरों को भी सजाते हैं

इस दिन हम नये कपड़े भी पहनते हैं

इस दिन हम प्रसाद भी बांटते हैं

आई दिवाली आई है

सब घर में खुशियां लाई है

आस - पड़ोस चम - चम , चम - चम करता है

नये कपड़े पहन '' Krishna '' छम - छम , छम - छम

करता है

खुब सारा मिठाई देखकर काव्या के मुंह में पानी आता है

बड़े - बड़े घरों में लड़ी चम - चम , चम - चम करता है
आई दिवाली आई है
सब घर में खुशियां लाई है

....

30. नरेंद्र मोदी मेरे हीरो

नरेंद्र मोदी मेरे हीरो

कुछ लोग उन्हें मानते थे ज़ीरो

नरेंद्र दामोदर दास मोदी नाम उनका

सबका साथ , सबका विकास , सबका विश्वास काम उनका

पहले गुज़रात के मुख्यमंत्री थे

अब हैं भारत के प्रधानमंत्री

दुरदर्शी है सोच उनकी , दुरदर्शी है काम

इसलिए आज दुनियां भर में उनका है नाम

पहले उन्होंने चाय बेचा नहीं किया इंकार

पहले संघ के लिए छोटा - छोटा काम किया नहीं किया

इंकार

सबसे उनको प्यार है

नहीं किसी से टकरार है

उनका सपना एक है

उनका सपना नेक है

भारत को विश्व गुरु बनाना है

युवाओं का भविष्य चमकाना है

नेताओं में सबसे उपर नाम है

'' Krishna '' का उनको सादर प्रणाम है

व्यक्ति विशेष में भी उनकी पहचान है

सबसे पावन उनका काम है

सबसे सोना काम उनका

सबसे सोना नाम उनका

नरेंद्र दामोदर दास मोदी नाम उनका

सबका साथ , सबका विकास , सबका विश्वास काम उनका

नरेंद्र मोदी मेरे हीरो

कुछ लोग उन्हें मानते थे ज़ीरो

....

31. महर्षि दयानंद , दयानंद कहते जाओ जी

स्वामी दयानंद , दयानंद कहते जाओ जी

उनके मार्गदर्शन पर चलते जाओ जी

स्वामी श्रद्धानंद ,श्रद्धानंद कहते जाओ जी

उनके नक्शे कदम पर चलते जाओ जी

सत्य के खातिर उन्होंने विष भी पिया

विष देनेवाले को कई बार माफ भी किया

नाम उनका तुम रौशन करते जाओ जी

उनके मार्गदर्शन पर चलते जाओ जी

स्वामी दयानंद , दयानंद कहते जाओ जी

उनके मार्गदर्शन पर चलते जाओ जी

चारों वेदों का उन्होंने प्रचार भी किया

देश - विदेश जाकर प्रसार भी किया

नाम उनका जग में फैलाते जाओ जी

उनके मार्गदर्शन पर चलते जाओ जी

स्वामी दयानंद , दयानंद कहते जाओ जी

उनके मार्गदर्शन पर चलते जाओ जी

उन्होंने जग में ऊंचा नाम है किया

उन्होंने समाज की खातिर बलिदान भी दिया

उनके चरणों में '' Krishna '' झुकते जाओ जी

उनके मार्गदर्शन पर चलते जाओ जी

स्वामी दयानंद , दयानंद कहते जाओ जी
उनके मार्गदर्शन पर जलते जाओ जी
स्वामी श्रद्धानंद , श्रद्धानंद कहते जाओ जी
उनके नक्शे कदम पर चलते जाओ जी

....

32. आर्य वीर पर्व मनायें

आओ आर्य वीर पर्व मनायें

खुशी में आज नाचे गायें

ओम नाम का झंडा फहराएं

ज्ञान की गंगा हर ओर फैलाएं

तिमिर मिटा उजाला लाएं

समाज को सभ्य - संस्कारी बनाएं

आओ आर्य वीर पर्व मनायें

खुशी में आज नाचे गायें

याद करें हम पुज्नीय दयानंद जी का बलिदान

योग , तप , त्याग , ज्ञान - विज्ञान

समाज के उद्धार के लिए आर्य समाज बनाया

सत्यार्थ प्रकाश से सबको सच का ज्ञान कराया

जग को उनकी कथा सुनायें

आर्यों का योगदान सबको बतायें

आओ आर्य वीर पर्व मनायें

खुशी में आज नाचे गायें

गुरु विरजानंद को करते थे सदा प्रणाम

'' Krishna '' भी करे उनको शत - शत प्रणाम

अष्ट अध्याय का करें पाठ सुबह - शाम

यज्ञ , हवन , गायत्री मंत्र करें सुबह - शाम

स्वामी श्रद्धानंद की गाथा गायें

खुशी में आज नाचे गायें

आओ आर्य वीर पर्व मनायें
खुशी में आज नाचे गायें

....

33. धुआंधार बल्लेबाजी

धुआंधार बल्लेबाजी करते इंडियावाले

बॉल को बॉउण्ड्री पार पहुंचाते इंडियावाले

ऐसा धुआंधार करते बल्लेबाजी

नहीं चलने देते किसी की जालसाजी

गवास्कर , कपिल , सचिन , धोनी एक - से - एक खिलाड़ी

द्रविड़ , गांगुली , विराट एक - से - एक पिटारी

कोई नहीं किसी से कम

सबमें है सुपर बैटिंग का दम

चाहे हो 50 - 50 , चाहे 20 - 20

लोग करते खुब इंजॉय

ऐसा दमदार बैटिंग करते

बिगाड़ देते बॉलर का सुर - लय

हार - जीत का खेल है ये हार - जीत का खेल

नहीं कोई पास है , नहीं कोई फेल

कहे '' Krishna '' अपना मन छोटा करना क्यों

हार - जीत पर टीका - टिप्पणी करना क्यों

जब ये खेलते , कर देते खुद को खेल के हवाले

बॉल को बॉउण्ड्री पार पहुंचाते इंडियावाले

धुआंधार बल्लेबाजी करते इंडियावाले

बॉल को बॉउण्ड्री पार पहुंचाते इंडियावाले

....

34. प्रकृति प्रेम

पीहु - पीहु बोले मोर
जागो '' Krishna '' हो गया भोर
कांव - कांव , कांव - कांव करता कौआ
कांव - कांव करके करदे शोर
मीठु - मीठु तोता बोले
सबके दिल का राज़ खोले
चिकन मौगी चोरनी
धुपा मे ठाड़ करयो
देखियो ओकर करनी
गुटरगु - गुटरगु आवाज़ आये
सबका संदेशा कबुतर पहुंचाये
कुकरू कु - कुकरू कु मुर्गा बोले
जागो '' Krishna '' हो गया भोर
टर्र - टर्र , टर्र - टर्र मेढक बोले
टर्र - टर्र करके करदे शोर
कोयल बोले कु - कु - कु
चुहा बोले चु - चु - चु
शेर करके दहाड़
दुश्मन को दे पछाड़
भौं - भौं करता आया कुत्ता
सबका मन बहलाया कुत्ता
अपने मालिक को देख पुंछ हिलाया कुत्ता

मन - ही - मन हर्षाया कुत्ता
दिनभर सोता मतवाली करता
रातभर जागता रखवाली करता
दौड़ता - भागता - हांफता आया कुत्ता
अपने मालिक का गेंद लाया कुत्ता
देश की रक्षा में आये काम
खेल दुश्मन का करे तमाम
देश के दुश्मनको हराया कुत्ता
देश के नागरिकों को बचाया कुत्ता
मैं - ना , मैं - ना करती मैना
मैं नहीं , मैं नहीं कहती मैना
देवन वाला भगवान
खेवन वाला भगवान
लोग उसे प्यार से रखते
लोग उसे खुश रखते
लेकिन बकरा करता मैं - मैं - मैं
मार खड़्ग लोग उसे करते धॉय - ठॉय
लोग उस पर नहीं बहाते लोर
जागो '' Krishna '' हो गया भोर
पीहु - पीहु बोले मोर
जागो '' Krishna '' हो गया भोर

....

35. मेरी प्यारी नानी

मेरी प्यारी नानी

हमको सुनाती रोज़ कहानी

जब भी मैं उनके पास होता

देती हमको खाना - पानी

जब भी मैं बीमार पड़ता , मेरा दुख हरती

हमेशा वो मुझे एक विशेष गीत सुनाती

जंतर - मंतर कोका झारी

बुढिया बांटे पान - सुपारी

से सुपारी के खा

" Krishna " खा

" Krishna " के सब दुख छुइट जा

" Krishna " के सब दर्द छुइट जा

नाना जी मुझे साइकिल पर बिठाते

पुरे गांव की सैर कराते

अच्छी - अच्छी , प्यारी - प्यारी बात बताते

रोज़ नई सिख सिखाते

उठो सबेरे रगड़ नहाओ

ईश विनय कर शीश नवाओ

पढो पाठ फिर करो कलेवा

बढिया काम बड़ो की सेवा

सबसे बढकर कौन कमाई

झट से कह दो एक पढाई

सुबह उठकर बड़ो का छुओ पैर
नहीं करना किसी से वैर
दादा - दादी करते मुझसे प्यार
उनके चरणों में मेरा सारा संसार
चाचा - चाची भी करते प्यार
उनसे मेरे जीवन में आया बहार
मामा - मामी , मौसा - मौसी
उनके रहते दुख कैसी
पापा मुझे फकड़ा सुनाते
सुना - सुना के हंसते - हंसाते
ठीका - ठीक दुपहरिया
नाचे चौघरिया
गुरूजी के आसन डोले
भूख मरे चटिया
गुरूजी एता
छुट्टी देता
हाथी छोइड़
घोड़ा पर चढता
घोड़ा गिरल खेत में
अपने गिरला रेत में
और भी कुछ - कुछ सुनाते
कई नई बात बताते
दही ग्वालन बेचन आई
थाली में हम खाय मलाई
हरि चलल
हरि वाटे मिलल
हरि चलल , हरि वाटे मिलल

हरि के प्रताप से हरि बचल
हरि के देखि हरि पकड़लक कान
हरि , हरि के बखश देलक प्राण
और सुनाते कई कहानी
मैं तो हो जाता पानी - पानी
मेरी प्यारी नानी
हमको सुनाती रोज़ कहानी
....

36. काम करो ऐसा

काम करो ऐसा

घर में आए पैसा

धन - धन , धन - धन लक्ष्मी आए

खन - खन , खन - खन करे पैसा

इज्जत - मान - सम्मान मिले

कामयाबी के पुष्प हर ओर खिले

कलकल - छलछल बयार बहे

मेहनत की रंगत से , साधु की संगत से भाग्य खिले

भाग्य तेरा निखर - निखर जाए

हर विघ्न - मुसीबत - दुख तुमसे दूर हो जाए

छन - छन , छन - छन लक्ष्मी बोले

तुम्हारा नाम ऊंचा - से - ऊंचा हो जाए

देश का तु अभिमान बने

मन चाहा वरदान बने

तन - मन - धन से स्वस्थ्य रहे तु

अपने माता - पिता का शान बने

तुम पर करे सभी नाज़

'' Krishna '' तु बन जा सबके सिर का ताज़

पलपल - हरदम - हरपल कामयाबी तुम्हारे कदम चूमें

ऐसा काम शुरू कर लो आज़

चेहरा तेरा चम - चम चमके

रूतबा तेरा दम - दम दमके

यश तेरा चारों ओर फैले
कनक तेरा खन - खन खनके
हर घर में धन - कुबेर आये
हर घर में लक्ष्मी - गणेश
शुभ - लाभ हर घर में हो
स्वास्तिक निशान घर - घर में छाये
काम कोई मत करो ऐसा
गलत तरीके से घर में न आए पैसा
धन - धन , धन - धन लक्ष्मी आए
खन - खन , खन - खन करे पैसा
काम करो ऐसा
घर में आए पैसा
धन - धन , धन - धन लक्ष्मी आए
खन - खन ,खन - खन करे पैसा।

37. जन्म दिवस की बधाई

जन्म दिन मुबारक होवे - होवे जन्म दिवस की बधाई

कामयाबी आपके कदम चूमें घर में बजे शहनाई

पुरे हों आपकी सारी कामना

पुरे हों आपकी हर मनोकामना

ऊंची - से - ऊंची शिक्षा मिले

चारों तरफ चमन के फूल खिले

जीवन में भरपूर हो खुशहाली

चारों तरफ हो कनक वाली हरियाली

कपाल - बाल - गाल चम - चम चमके

घरवाले आपके सिर को चुम ले

जन्म दिवस पर जो गुरू के चरण छु ले

मन उनका हर पल झुमे

घर - घर में आए मिठाई

कामयाबी आपके कदम चुमें घर में बजे शहनाई

" Krishna " करे हमेशा दुआ

आपके अव्वल होने के लिए हम करे हमेशा दुआ

कभी न तुम खेलो जुआ

हम करें हमेशा दुआ

आप हों हमेशा अव्वल

आप हों हमेशा सव्वल

आपको वो मिले जिससे हो सबकी भलाई

कामयाबी आपके कदम चुमें घर में बजे शहनाई

खान - पान सात्विक होवे
आचार - विचार - व्यवहार सात्विक होवे
आन - वान - शान बढते रहे
पराक्रम आसमान चढते रहे
चिंतन - मनन - पराक्रम बढते रहे
पवित्र - सचित्र - चरित्र बढते रहे
पुरूषार्थ न करें ऐसी कि हो जग हंसाई
कामयाबी आपके कदम चुमें घर में बजे शहनाई
जन्म दिन मुबारक होवे - होवे जन्म दिवस की बधाई
कामयाबी आपके कदम चुमें घर में बजे शहनाई

....

38. ख्वाब पूरे हुए हैं हमारे तुम्हारे

ख्वाब पूरे हुए हैं हमारे तुम्हारे

अब जीना है मुझको तेरे सहारे

खुद को किया मैंने रब के हवाले

अब जीना है मुझको तेरे सहारे

तुझे ही धरती पर लाना है मुझे

तुझे ही ऊंगली पकड़कर चलना सिखाना है मुझे

तुझे इस काबिल बनाना है

तुझे ही ऊंचा उठाना है मुझे

अब हर पल बिताना है तेरे सहारे

ख्वाब पूरे हुए हैं हमारे तुम्हारे

अब जीना है मुझको तेरे सहारे

जब तु बड़ा आदमी बन जाएगा

तब तु '' Krishna '' का रौशन नाम कर पाएगा

तब पूरे हो जायेंगे तपस्या मेरे

जब तु कुछ अच्छा कर पाएगा

अब पल - पल बिताना है तेरे सहारे

ख्वाब पूरे हुए हैं हमारे तुम्हारे

अब जीना है मुझ को तेरे सहारे

मिट जायेंगे दर्द ये मेरे

रौनक होगी घर में मेरे

सुकुन मुझे उस दिन मिलेगा
कुछ बन के आएगा घर में मेरे
अब हर धर्म - कर्म करना है तेरे सहारे
ख्वाब पूरे हुए हैं हमारे तुम्हारे
अब जीना है मुझको तेरे सहारे
खुद को किया मैंने रब के हवाले
अब जीना है मुझको तेरे सहारे

....

39. बाबा रामदेव का नारा

बाबा रामदेव का नारा
सबसे प्यारा
काला धन लायेंगे
भ्रष्टाचार मिटायेंगे
योग सिखायेंगे
रोग भगायेंगे
सत्याग्रह चलायेंगे
स्वदेशी अपनायेंगे
लोगों पर जब मुसीबत आये
उनका साथ निभायेंगे
मुसीबत के मारों पर मरहम लगायेंगे
आयुर्वेद अपनाकर इलाज करवायेंगे
भारत को विश्वगुरू बनायेंगे
भारत के संस्कृति , सभ्यता , संस्कार बचायेंगे
" Krishna " को गले लगायेंगे
और ढांढस बढायेंगे
और कहेंगे , दर्द तुम्हारा
हुआ हमारा
बाबा रामदेव का नारा
सबसे प्यारा
....

40. पापा मेरे

पापा मेरे सबसे प्यारे हैं

हम सब उनके सहारे हैं

हम सब उनके आंख के तारे हैं

पापा मेरे सबसे न्यारे हैं

उनके बगैर हम सब का अस्तित्व नहीं है

उनके बगैर जग में कोई ठिकाना नहीं है

वे होते हैं एक मजबुत पिलर

उनके जैसा कोई जग में नहीं है

पापा जिसके जीवन में रहते

सारा दुख दर्द खुद ही सहते

पापा के बगैर बच्चे अनाथ कहलाते

पापा हर हाल में हंसते रहते

आप चाहे रहो कहीं

मुझे दिखते हो यहीं

हर पल रहता है बस आपका एहसास

आप चाहे रहो कहीं

'' Krishna '' हर पल आपको ध्याता

आपके साथ नाचता - गाता

'' Krishna '' है प्रतिलिपि आपका

आपके साथ सदा मुस्कुराता

आप ही कण - कण में हमारे हैं

आप ही रक्त - कण में हमारे हैं

हम सब आपके आंख के तारे
हम सब आपके सहारे हैं
आप ही लाल रक्त - कण में हमारे हैं
आप ही श्वेत रक्त - कण में हमारे हैं
आप ही हैं पट्टिकाणु में
आप ही कण - कण में हमारे हैं
पापा मेरे सबसे प्यारे हैं
हम सब उनके सहारे हैं
हम सब उनके आंख के तारे हैं
पापा मेरे सब से न्यारे हैं

....

41. सावन के झूले

रिमझिम - रिमझिम वर्षा बरसे
मेरा मन तुमसे मिलने को तरसे
पहले जब बरसात होती थी
तुम मेरे साथ होती थी
कागज का हम नाव बनाते
पानी में हम खूब डुबाते
घर से हम बहार आते
बारिश में हम खूब नहाते
खूब करते थे मौज - मस्ती
नहीं थी कोई अपनी हस्ती
सावन के झूले में तेरे संग झूल के झूला
मेरा मन रहता हर्षमय और खिला - खिला
चिंता , फ़िक्र से " Krishna "अनजान था
दुःख दर्द से अनजान था
अब तुमसे मिले हो गए अरसे
मेरा मन तुमसे मिलने को तरसे
अब पहले वाली बरसात नहीं होती
अब पहले वाली मुलाकात नहीं होती
विश्व उष्णन , जलवायु परिवर्तन , प्रदुषण
के कारण हो रहा है सब कुछ में परिवर्तन
पहले समय से बारिश होती थी
भिंगता था मेरा तन - मन , आँगन

अब जलवायु परिवर्तन से हो गया मौसम में परिवर्तन
पहले मन हर्षित रहता और अब खिन्न - खिन्न
अगर पेड़ - पौधे नहीं लगाओगे
प्रदुषण से कैसे छुटकारा पाओगे
फिर कैसे बरसात का मज़ा लोगे
फिर खुद को गर्मी की सजा दोगे
फिर सावन का त्यौहार
जिससे मिलता था खुशियाँ अपार
सब सुना - सुना लगेगा
बिन सावन कैसे मन में प्यार का फूल खिलेगा
समय - समय पर मिला करो , मिलने आया करो
प्यार का गीत '' Krishna '' के संग गाया करो
अब मिले हुए फिर न हो कई अरसे
मेरा मन तुमसे मिलने को तरसे
रिमझिम - रिमझिम वर्षा बरसे
मेरा मन तुमसे मिलने को तरसे।

42. भाई - बहन का प्यार

रक्षा - बंधन क्या है ?

यह भाई - बहन का पवित्र पर्व है

बहन - भाई को रक्षा के लिए बंधन बाँधती है

बहन - भाई के रक्षा के लिए कामना करती है

भाई - बहन के रक्षा का शपथ लेता है

भाई - बहन को हर - पल सुख देता है

भाई - बहन के लिए उपहार लाता है

भाई - बहन के लिए मिठाई लाता है

भाई - बहन का रक्षा करता है

भाई - बहन के लिए सब से लड़ता है

ये धागे कच्चे धागे हैं

ये धागे सच्चे धागे हैं

भाई - बहन का प्यार अनमोल है

इसका नहीं कोई मोल है

बहन जैसी नहीं कोई दूजा

" Krishna " करे बहन की सदा पूजा

दुनियाँ में ये है सबसे पावन

चाहे आये भादो , चाहे आये सावन

रक्षा - बंधन पर बहन रंगोली बनती है

वह अपने घर को खूब सजाती है

43. जश्न -ए - आज़ादी

आओ जश्न -ए - आज़ादी मनायें
हर्षित होकर नाचे - गायें
एक - दूसरे को गले लगायें
प्यार करुणा का पाठ पढायें
झंडा तिरंगा हर रोज़ लहरायें
दुनियाँ को अपना लोहा मनवायें
आओ जश्न - ए - आज़ादी मनायें
हर्षित होकर नाचे - गायें
याद करें हम वीर जवानों को
अलबेले मस्तानों को
याद है हमें वो स्वतंत्रता सेनानी
जिन्होंने हिन्द के खातिर दिये कुर्बानी
आओ जश्न - ए - आज़ादी मनायें
हर्षित होकर नाचे - गायें
अंग्रेज हुए पानी - पानी
सब को याद आया नानी
सब की जुबाँ पर एक ही कहानी
दुनियाँ हो गई अब हिन्द की दिवानी
सब करते इसको लाखों सलाम
" Krishna " भी इसको करे प्रणाम
आओ जश्न - ए - आज़ादी मनायें
हर्षित होकर नाचे - गायें

44. हिन्द मनाये रोज़ दिवाली

हिन्द मनाये रोज़ दिवाली
कोई दिन न जाए खाली
कभी मनाये गुरुपर्व
कभी मनाये ईद
आओ हम सब जश्न मनाये
जश्न - ए - आज़ादी मनाये
याद करें हम वीर जवानों को
भारत के सपूत और प्रतिभावानों को
जिसके कारण हमें मिली आज़ादी
मिला मान - सम्मान
भारत के ये वीर जवान
हर पल रक्षा करते बढ़ाते हमारी शान
इनके कारण हम जश्न मनाते
हँसते - खेलते , नाचते - गाते
आज़ादी के लिए कई लोगों ने दिया बलिदान
आज़ादी के लिए कई स्वतंत्रता सेनानी हुए कुर्बान
इनसे है हमारे देश की आन - वान - शान
'' Krishna '' भी इनको करे प्रणाम
आज उत्सव - महोत्सव मनाये जनता भोली - भाली
हर दिन हम जश्न मनाये कोई दिन न जाए खाली

हिन्द मनाये रोज़ दिवाली
कोई दिन न जाए खाली

....

45. रात का महत्व

रात जरुरी है विश्राम के लिए

रात जरुरी है आराम के लिए

रात जरुरी है नाम के लिए

रात जरुरी है काम के लिए

रात जरुरी है प्यार पाने के लिए

रात जरुरी है प्यार जताने के लिए

रात जरुरी है प्यार निभाने के लिए

रात जरुरी है प्यार में कसमें खाने के लिए

रात जरुरी है आँख मिलाने के लिए

रात जरुरी है एक - दूसरे को गले लगाने के लिए

रात जरुरी है एक - दूसरे के हो जाने के लिए

रात जरुरी है एक - दूसरे में खो जाने के लिए

रात जरुरी है ख्वाब सजाने के लिए

रात जरुरी है ख्वाब - गाह में किसी के आने के लिए

रात जरुरी है ध्यान लगाने के लिए

रात जरुरी है सम्पूर्ण सिद्धि पाने के लिए

रात ही रात में

बात ही बात में

लोग एक - दूसरे के हो जाते हैं

लोग एक - दूसरे में खो जाते हैं

रात शांत होता है

शांत होना जीवन के लिए जरुरी होता है

रात में चन्द्रमा होता है

चन्द्रमा का सम्बन्ध मन से होता है

मन बहुत चंचल होता है

कभी यहाँ कभी वहाँ होता है

रात में चन्द्रमा होता है

चन्द्रमा का सम्बन्ध सोमवार से होता है

चन्द्रमा का हमारे जीवन में बहुत असर होता है

अमावस्या में बच्चे का जन्म हुआ तो चन्द्रमा कमजोर
और
पूर्णिमा में बच्चे का जन्म हुआ तो चन्द्रमा मजबूत होता
है

जिसका चन्द्रमा कमजोर होता है

उसका मन पर कण्ट्रोल नहीं होता है

उसको गले में चाँदी का चन्द्रमा दिया जाता है

हर पल उस चन्द्रमा पर ध्यान दिया जाता है

जिसका चन्द्रमा मजबूत

उसको कोई गम नहीं होता है

जिसका चन्द्रमा मजबूत

उसका मन पर पूरा कण्ट्रोल होता है

रात जरुरी है महंत और संत के लिए

रात जरुरी है योगी , भोगी , साधु , संत के लिए

रात जरुरी है सबकी भक्ति के लिए

रात जरुरी है " Krishna " की शक्ति के लिए

रात जरुरी है विश्राम के लिए

रात जरुरी है आराम के लिए

46. बस दो ही पल

बस दो ही पल चाहिए मुस्कुराने के लिए
बस दो ही पल चाहिए नज़रें मिलाने के लिए
बस दो ही पल चाहिए एक दूजे के हो जाने के लिए
बस दो ही पल चाहिए एक दूजे में खो जाने के लिए
बस दो ही पल चाहिए प्यार निभाने के लिए
बस दो ही पल चाहिए प्यार लुटाने के लिए
बस दो ही पल चाहिए मुस्कुराने के लिए
बस दो ही पल चाहिए हार कर जीत जाने के लिए
बस दो ही पल चाहिए कसम खाने के लिए
बस दो ही पल चाहिए कसम खिलाने के लिए
बस दो ही पल चाहिए एक दूजे पर मिट जाने के लिए
बस दो ही पल चाहिए अपनी हस्ती मिटाने के लिए
बस दो ही पल चाहिए मुस्कुराने के लिए
बस दो ही पल चाहिए झुक जाने के लिए
बस दो ही पल चाहिए हँसने - हँसाने के लिए
बस दो ही पल चाहिए रूठने - मनाने के लिए
बस दो ही पल चाहिए साथ निभाने के लिए
बस दो ही पल चाहिए प्यार तुम्हारा पाने के लिए
" Krishna " इस जिंदगी का भरोसा एक पल का नहीं
सामान की गारंटी सौ साल की
इंसान के खुद की जिंदगी का भरोसा एक पल का नहीं
सामान की गारंटी सौ साल की

बस दो ही पल चाहिए तुम्हें अपना बनाने के लिए
बस दो ही पल चाहिए तुम्हें हर जन्म में पाने के लिए
बस दो ही पल चाहिए अपना घर बसाने के लिए
बस दो ही पल चाहिए सदा - सदा के लिए तुम्हारा हो
जाने के लिए
बस दो ही पल चाहिए मुस्कुराने के लिए
बस दो ही पल चाहिए ख्वाब सजाने के लिए
बस दो ही पल चाहिए बात बनाने के लिए
बस दो ही पल चाहिए साथ में वक़्त बिताने के लिए
बस दो ही पल चाहिए गाने गुनगुनाने के लिए
बस दो ही पल चाहिए '' Krishna '' गीत - संगीत बनाने
के लिए
बस दो ही पल चाहिए मुस्कुराने के लिए
बस दो ही पल चाहिए नज़रें मिलाने के लिए

....

47. कभी - न - कभी

कभी - न - कभी खुद को उठाना पड़ेगा

कभी - न - कभी खुद को भीड़ से हटाना पड़ेगा

खुद को सबसे अलग दिखाना पड़ेगा

जज़्बात दिलों का मन में दबाना पड़ेगा

खुद से जो वादा किया है वो निभाना पड़ेगा

कभी - न - कभी अपने जख्म पर मरहम लगाना पड़ेगा

लोगों के दिलों पर छाना पड़ेगा

सबको अपना दीवाना बनाना पड़ेगा

अपनी हस्ती को मिटाना पड़ेगा

ज्ञान की गंगा बहाना पड़ेगा

आलस्य तन - मन से भगाना पड़ेगा

अपने जाने के बाद " Krishna " सबको रुलाना पड़ेगा

अपने कर्तव्य पथ पर आगे बढ़ाना पड़ेगा

दुनियाँ का हर गम सहना पड़ेगा

अपने देश के लिए खुद को मिटाना पड़ेगा

अपने देश को विश्व गुरु बनाना पड़ेगा

जाति - वर्ण - मज़हब से खुद को उठाना पड़ेगा

रूप - रंग , ऊँचा - नीचा , छोटा - बड़ा से खुद को हटाना
पड़ेगा

सबके साथ भाई - चारा निभाना पड़ेगा

दुःख - दर्द अपना छुपाना पड़ेगा

धैर्य - नम्रता - सहनशीलता अपनाना पड़ेगा

जोश - जज़्बा - जूनून मन में लाना पड़ेगा
हर हाल , हर वेले विच मुस्कुराना पड़ेगा
जख्म कुड़ेदनेवालों से खुद को बचाना पड़ेगा
कभी -न - कभी '' Krishna '' का गीत - नज़्म गाना
पड़ेगा
कभी - न - कभी सबको अपना बनाना पड़ेगा
कभी - न - कभी कविता ''Krishna '' का सुनाना पड़ेगा
कभी - न - कभी पुस्तक '' Krishna '' का घर में लाना
पड़ेगा
कभी - न - कभी खुद को उठाना पड़ेगा
कभी - न - कभी खुद को भीड़ से हटाना पड़ेगा

48. कभी - न - कभी

कभी - न - कभी , किसी - न - किसी से दिल लगाना
पड़ेगा
कभी - न - कभी , किसी - न - किसी के लिये नगमें
वफा का गाना पड़ेगा
किसी - न - किसी से प्यार जताना पड़ेगा
किसी - न - किसी से प्यार निभाना पड़ेगा
कुछ - न - कुछ वक्त साथ में बिताना पड़ेगा
एक - दूसरे को आजमाना पड़ेगा
कुछ पल एक - दूसरे के बांहों में बिताना पड़ेगा
वंश अपना आगे बढाना पड़ेगा
बगिया फूलों का खिलाना पड़ेगा
उसे जीने का सलीका सिखाना
धैर्य - नम्रता - सहनशीलता अपनाना पड़ेगा
जख्म दिलों का सबसे छुपाना पड़ेगा
प्यार - करूणा - भाईचारा अपनाना पड़ेगा
देश की आन - वान - शान - प्राण बढाना पड़ेगा
गीत '' Krishna '' का गाना पड़ेगा
किसी - न - किसी को दिल में बसाना पड़ेगा
कभी - न - कभी , किसी - न - किसी को दिवाना बनाना
पड़ेगा
कभी - न - कभी , किसी - न - किसी को अपनाना पड़ेगा
कभी - न - कभी , किसी - न - किसी से दिल लगाना

पड़ेगा

कभी - न - कभी , किसी - न - किसी के लिये नगमें
वफा का गाना पड़ेगा

....

49. ओ सावरे , ओ सावरे

ओ सावरे , ओ सावरे

तेरे प्यार में मैं हुआ बावरे

जब से देखा तेरे नैन कजरारे

मोरा मन सिर्फ '' Krishna '' पुकारे

ओ सावरे , ओ सावरे

मां यशोदा के तुम हो प्यारे

नंद बाबा के तुम हो दुलारे

जब से देखा तेरे नैन कजरारे

मोरा मन सिर्फ '' Krishna '' पुकारे

ओ सावरे , ओ सावरे

तुम ही हो जान हमारे

तुम ही हो प्राण हमारे

जब से देखा तेरे नैन कजरारे

मोरा मन सिर्फ '' Krishna '' पुकारे

ओ सावरे , ओ सावरे

तुम बिन नहीं कोई द्वारे

तुम बिन नहीं कोई और सहारे

जब से देखा तेरे नैन कजरारे

मोरा मन सिर्फ '' Krishna '' पुकारे

ओ सावरे , ओ सावरे

....

50. कर गए दुनियां का उद्धार

कर गए दुनियां का उद्धार '' Krishna '' नाम जपो नर - नारी

सुखमय होगा ये संसार '' Krishna '' नाम जपो नर - नारी

'' Krishna '' नाम जपो नर - नारी , '' Krishna '' नाम जपो नर - नारी

सुखमय होगा सब संसार '' Krishna '' नाम जपो नर - नारी

गोकुल में बास बनाया

यशोदा को मैया बनाया

कर गए सुदामा का उद्धार '' Krishna '' नाम जपो नर - नारी

'' Krishna '' नाम जपो नर - नारी , '' Krishna '' नाम जपो नर - नारी

सुखमय होगा ये संसार '' Krishna '' नाम जपो नर - नारी

राधा संग रास रचाया

रुकमणि संग ब्याह रचाया

कर गए कंश का संघार '' Krishna '' नाम जपो नर - नारी

'' Krishna '' नाम जपो नर - नारी , '' Krishna '' नाम जपो नर - नारी

सुखमय होगा सब संसार '' Krishna '' नाम जपो नर - नारी

अर्जुन को पार्थ बनाया

सत्य का जीत करवाया

कर गए कोरवों का संघार '' Krishna '' नाम जपो नर - नारी

'' Krishna '' नाम जपो नर - नारी , '' Krishna '' नाम जपो नर - नारी

सुखमय होगा ये संसार '' Krishna '' नाम जपो नर - नारी

गीता का पाठ पढाया

आत्मा का भेद बताया

कर गए सब को मालामाल '' Krishna '' नाम जपो नर - नारी

'' Krishna '' नाम जपो नर - नारी , '' Krishna '' नाम जपो नर - नारी

सुखमय होगा ये संसार '' Krishna '' नाम जपो नर - नारी

कर गए दुनियां का उद्धार '' krishna '' नाम जपो नर - नारी

....

51. आओ आज विजय दशमी का पर्व मनायें

आओ आज विजय दशमी का पर्व मनायें
खुशी में आज नाचे - गायें
असत्य पर सत्य की जीत का जश्न मनायें
सबको सत्य की राह पर चलना सिखायें
बुराई पर अच्छाई की जीत का प्रतीक है यह
उदाहरण सबसे सटिक है यह
रावन और श्रीराम दोनों थे ज्ञानी
लेकिन श्रीराम थे मर्यादा पुरूषोतम प्राणी
अधर्म पर धर्म के विजय का पताका लहरायें
अंधकार पर उजाला के विजय का जश्न मनायें
आओ आज विजय दशमी का पर्व मनायें
खुशी में आज नाचे - गायें
दोनों को शस्त्र - शास्त्र का ज्ञान था
लेकिन रावन में अभिमान था
श्रीराम के मन में सबके लिये सम्मान था
मातृ - पितृ , गुरू , स्त्री , पुरूष , समाज का सम्मान था
परायी स्त्री , पराये धन पर न अपनी नज़र गरायें
आओ आज विजय दशमी का पर्व मनायें
खुशी में आज नाचे - गायें
हर वर्ष रावण को जलते देखने जाते हैं

क्यों नहीं अपने अंदर के रावण को जलाते हैं
हर वर्ष रावण , कुम्भकरण , मेघनाद का पुतला जलाते हैं
इतने रावण हर वर्ष कहां से लाते हैं
क्यों नहीं हम - आप बचपन से ही बच्चे को श्रीराम बनाते
हैं
क्यों नहीं '' Krishna '' बचपन से ही अच्छे बनने की
सीख सिखाते हैं
आओ हम रावण मुक्त समाज बनायें
अच्छे बनने की सीख सिखायें
आओ आज विजय दशमी का पर्व मनायें
खुशी में आज नाचे - गायें

....

52. भारतीय नृत्य वह विद्या है

भारतीय नृत्य वह विद्या है जो सब को पढ़ाया जाता है

भारतीय नृत्य वह विद्या है जो सब को सिखाया जाता है

यह वह विद्या है जो घर - घर में पाया जाता है

यह वह विद्या है जो कण - कण में पाया जाता है

यह वह विद्या है जिससे प्रेम सिखाया जाता है

यह वह विद्या है जिससे गुरु - शिष्य परम्परा निभाया
जाता है

यह वह विद्या है जिससे जीवन सफल बनाया जाता है

यह वह विद्या है जिससे जीवन पावन बनाया जाता है

यह वह विद्या है जिसमें ताल - से - ताल मिलाया जाता
है

यह वह विद्या है जिसमें माॅं भवानी का आशिष पाया
जाता है

यह वह विद्या है जिससे एकाग्रता बनाया जाता है

यह वह विद्या है जिसे जन - जन तक पहुंचाया जाता है

यह वह विद्या है जिससे कलाकार बनया जाता है

यह वह विद्या है जिससे रूठे यार को मनाया जाता है

यह वह विद्या है जिससे रूठे रब को रिझाया जाता है

यह वह विद्या है जिससे '' Krishna '' को पास बुलाया
जाता है

यह वह विद्या है जिससे '' Krishna '' को मनाया जाता है

यह वह विद्या है जिससे रास रचाया जाता है

यह वह विद्या है जिससे अपना काम बनाया जाता है

यह वह विद्या है जिससे किसी को भी ऊंगली पर नचाया जाता है

भारतीय नृत्य वह विद्या है जो सब को पढ़ाया जाता है

भारतीय नृत्य वह विद्या है जो सब को सिखाया जाता है

....

53. गणतंत्र दिवस की बधाई

सबसे बड़े लोकतंत्र हैं हम

विधि - विधान से हमारा नाता है

देश भक्ति का रंग भरकर देखो मन में

झंडे के तीन रंगों में संविधान लहराता है

ऊंचा सबसे ऊंचा

यह फहराता है

दुश्मन को चने चबवाता है

दुनियां भर में अपना लोहा मनवाता है

इसके लिए क्रांतिकारियों ने दी है बड़ी कुर्बानी

इसके लिए स्वतंत्रता सेनानियों ने दी है बड़ी कुर्बानी

सुभाष , आज़ाद , भगत , सुखदेव जैसे अमर बलिदानी

झांसी की रानी , कुंवर सिंह , लाला लाजपत जैसे अमर
बलिदानी

उनकी कुर्बानियों को भुलते जा रहे हैं हम

उन शहीदों के योगदान को भुलते जा रहे हैं हम

मन में थोड़ा रोष है

मन में थोड़ा जोश है

मन में थोड़ा होश है

इस रोष , जोश , होश से नई पीढ़ी को बढ़ायेंगे

राष्ट्र प्रेम का अलख जगायेंगे

ताकि उनकी कुर्बानियों को भूल न जाए हम
ताकि उन शहीदों को भूल न जाए हम
लाखों वर्षों तक हरा - भरा रहे हामारा चमन
" Krishna " करे मां भारती को शत - शत नमन
आज दुनियां भर में हमारा तिरंगा फहराता है
सबसे ऊंचा यह लहराता है
सबसे बड़े लोकतंत्र हैं हम
विधि - विधान से हमारा नाता है
देश - भक्ति का रंग भरकर देखो मन में
झंडे के तीन रंगों में संविधान लहराता है

....

54. मेरे प्यारे सुभाष चंद्र बोस

भारत मां के थे वे सपुत

नाम था उनका सुभाष चंद्र बोस

मेरे प्यारे सुभाष चंद्र बोस

सबसे न्यारे सुभाष चंद्र बोस

उन्होंने आज़ाद हिंद फौज बनाया

देश - धर्म का पाठ पढ़ाया

आज़ादी का अलख जगाया

तन - मन में राष्ट्र - भक्ति का जोश जगाया

अमर होने का सार दिया

हर जगह राष्ट्र - प्रेम का प्रचार किया

उनका नारा

सबसे प्यारा

तुम मुझे खुन दो

मैं तुम्हें आज़ादी दूंगा

इस नारे से अंग्रेज थर - थर कॉपे

भारत छोड़ अपने देश को भागे

अगर सुभाष जी न होते

हम सब आज़ादी के लिए अब भी रोते

वे थे बहुत महान

'' Krishna '' भी उनको करे प्रणाम

कृष्ण कुमार

भारत मां के थे वे सपुत
नाम था उनका सुभाष चंद्र बोस

....

55. पुकारती है मां

भाई - बहन सब एक जुट रहो पुकारती है मां

अपने बच्चे को दुलार से दुलारती है मां

बच्चा मेरा कामयाब बने ये चाहती है मां

अपने बच्चे को प्यार से निहारती है मां

अपने बच्चे का भविष्य संवारती है मां

पुकारती है मां

दुलारती है मां

चाहती है मां

निहारती है मां

संवारती है मां

हिंदु - मुस्लिम - सिख - ईसाई एक जुट रहो पुकारती है मां

भारत देश की शान बनो तुम ये चाहती है मां

एकता में बल है ये सिख सिखलाती है मां

बांकी दुनियां में छल है ये समझाती है मां

वतन पर मिटने के लिए अपने बच्चे को निहारती है मां

पुकारती है मां

चाहती है मां

सिखलाती है मां

समझाती है मां

निहारती है मां

निडर रहो , अडिग रहो ये पाठ पढ़ाती है मां

सत्य - अहिंसा पर चलो ये सिख सिखलाती है मां
चट्टान की तरह मजबुत बनो ये चाहती है मां
धुर्त के छलावों से बचो तुम ये समझाती है मां
अपने बच्चे को दुलार से दुलारती है मां
पढ़ाती है मां
सिखलाती है मां
चाहती है मां
समझाती है मां
दुलारती है मां
विश्वासघात करने वालों से बचो तुम ये बतलाती है मां
किसी के बहकावे से बचो तुम ये समझाती है मां
अपने बच्चे का गलत व्यवहार देखकर फटकारती है मां
अपने बच्चे को प्यार से पुचकारती है मां
'' Krishna '' का भविष्य संवारती है मां
बतलाती है मां
समझाती है मां
फटकारती है मां
पुचकारती है मां
संवारती है मां
अटल - अडिग - अचल बनो तुम ये चाहती है मां
सरल - सहज - सरस बनो तुम ये पुकारती है मां
अच्छे अंक पाने पर सत्कारती है मां
गलत संगत करने पर लताइती है मां
बुरा व्यवहार करने पर दुत्कारती है मां
चाहती है मां
पुकारती है मां
सत्कारती है मां

लताड़ती है मां

दुत्कारती है मां

पढ़ाई - लिखाई नहीं करने पर प्रताड़ती है मां

अच्छे अंक पाने पर सत्कारती है मां

गलत व्यवहार देखकर लताड़ती है मां

प्यार से '' Krishna '' को पुचकारती है मां

अपने बच्चे का भविष्य संवारतीहै मां

प्रताड़ती है मां

सत्कारती है मां

लताड़ती है मां

पुचकारती है मां

संवारती है मां

जीवन में जीत दिलाने के लिए पछाड़ती है मां

जीत जाने पर सत्कारती है मां

हर दुख - दर्द को झाड़ू से बहारती है मां

अपने बच्चे को दुलार से दुलारती है मां

अपने बच्चे को स्नेह से निहारती है मां

पछाड़ती है मां

सत्कारती है मां

बहारती है मां

दुलारती है मां

निहारती है मां

भाई - बहन सब एक जुट रहो पुकारती है मां

अपने बच्चे को दुलार से दुलारती है मां

बच्चा मेरा कामयाब बने ये चाहती है मां

अपने बच्चे को प्यार से निहारती है मां

अपने बच्चे का भविष्य संवारती है मां

कृष्ण कुमार

. . . .

www.ingramcontent.com/pod-product-compliance
Lightning Source LLC
Chambersburg PA
CBHW031304130726
47988CB00007B/2722